Paramahansa Yogananda
(1893-1952)

PARAMAHANSA
YOGANANDA

Hvorfor Gud tillater ondskap

og hvordan heve seg over den

OM DENNE BOKEN: Forelesningene i denne boken ble opprinnelig utgitt av Self-Realization Fellowship i tidsskriftet *Self-Realization*, etablert av Paramahansa Yogananda i 1925. Disse taler ble holdt ved Self-Realization Fellowships templer, grunnlagt av forfatteren i Hollywood og San Diego, California; og de ble stenografisk nedtegnet av Sri Daya Mata, en av Paramahansa Yoganandas tidligste og nærmeste disipler.

Opprinnelig tittel på engelsk, utgitt av
Self-Realization Fellowship, Los Angeles (California):
Why God Permits Evil and How to Rise Above It

ISBN: 978-0-87612-461-1

Oversatt til norsk av Self-Realization Fellowship

Copyright © 2023 Self-Realization Fellowship

Alle rettigheter tilhører utgiver. Med unntak av korte sitater i bokanmeldelser, må ingen deler av *Hvorfor Gud tillater ondskap og hvordan heve seg over den (Why God Permits Evil and How to Rise Above It)* bli gjengitt, lagret eller på noen måte distribuert (elektronisk, mekanisk eller annet) allerede kjent eller i ettertid utviklet – inkludert fotokopiering, opptak eller andre systemer for lagring og gjenvinning av informasjon – uten skriftlig tillatelse fra Self-Realization Fellowship, 3880 San Rafael Avenue, Los Angeles, California 90065-3219, U.S.A.

 Autorisert av det Internasjonale Publikasjonsrådet i
Self-Realization Fellowship

Self-Realization Fellowships navn og emblem (som vist ovenfor) gjengis på alle SRFs bøker, opptak og andre publikasjoner, og skal forsikre leseren om at en utgivelse stammer fra organisasjonen som er opprettet av Paramahansa Yogananda og at den korrekt formidler hans lære.

Første utgave på norsk, 2023
First edition in Norwegian, 2023
Dette opplag, 2023
This printing, 2023

ISBN: 978-1-68568-155-5

1498-J07686

Godt og ondt må alltid komplementere hverandre på denne jord. Alt det skapte må bære en viss form av ufullkommenhet. Hvordan kunne ellers Gud, den Eneste Fullkommenhet, fragmentere Sin ene bevissthet til skapte former som er mulig å skjelne fra Ham Selv? Bilder av lys kan ikke eksistere uten kontrasterende skygger. Med mindre ondskap ble skapt, ville mennesket ikke kjenne til det motsatte, godhet. Natt fremhever kontrasten i den lyse dag; sorg lærer oss å ønske glede. Selv om ondskap uunngåelig må finne sted, ve det menneske den kommer fra. Den som har latt seg besnære av illusjonen til å spille rollen som skurk, vil måtte tåle skurkens triste, karmiske skjebne, mens helten mottar den helliggjørende belønning gjennom sin storsinnethet. Vel vitende om denne sannhet, må vi unngå ondskap; ved å velge å bli god, vil vi til sist stige opp til Guds høye sfære – hinsides både ondt og godt.

– Paramahansa Yogananda

INNHOLDSFORTEGNELSE

DEL I
Hvorfor ondskap er en del av Guds skapelse 3

DEL II
Hvorfor Gud skapte verden 16

DEL III
En verden av kosmisk underholdning 33

DEL IV
Å oppdage Guds betingelsesløse kjærlighet bak
  skapelsens mysterie-slør 52

Hvorfor Gud tillater ondskap og hvordan heve seg over den

DEL I

Hvorfor ondskap er en del av Guds skapelse[1]

Hvor kommer ondskap fra?

Noen hevder at Gud ikke kjenner til ondskap da de ikke kan forklare hvorfor en Gud som er god tillater tyveri, mord, sykdom, fattigdom og andre fryktelige hendelser som til enhver tid finner sted på denne jord. Disse ulykkelige tildragelser er i sannhet onde for oss; men er de onde for Gud? Hvis de er det, hvorfor ville da Gud tillate slik ondskap? Og hvis ondskapen ikke stammet fra Ham, som er alle tings Høyeste Skaper, hvor kom den da fra? Hvem skapte grådighet? Hvem skapte hat? Hvem skapte

[1] Utdrag fra en tale holdt 17. november 1946. Hele talen finnes i *The Divine Romance* (Paramahansa Yoganandas *Collected Talks and Essays*, Volume II), utgitt av Self-Realization Fellowship.

sjalusi og sinne? Hvem skapte skadelige bakterier? Hvem skapte fristelsene knyttet til sex og grådighet? Disse var ikke menneskenes oppfinnelse. Mennesket ville aldri kunne erfare dem med mindre de allerede var skapt.

Noen mennesker prøver å bortforklare ondskapens eksistens, eller at den kun er en psykologisk faktor. Men dette er ikke tilfelle. Beviset på ondskap finnes her i verden. Du kan ikke benekte den. Hvis ondskapen ikke finnes, hvorfor skulle da Jesus be: «Led oss ikke inn i fristelse, men fri oss fra det onde»?[2] Han sier klart og tydelig at ondskap eksisterer.

Sannheten er at vi finner ondskap i verden. Og hvor kom den fra? Gud.[3] Ondskap danner kontrasten som gjør oss i stand til å gjenkjenne og oppleve godhet. Ondskap måtte være tilstede for at det skulle bli noen skapelse. Hvis du skrev en beskjed med hvitfarget kritt på en hvit tavle, ville

---

2 Matteus 6:13.

3 «Jeg er Herren, og det er ingen annen. Jeg former lyset, og skaper mørket: Jeg stifter fred og skaper ondskap: Jeg, Herren, gjør alt dette» (Jesaja 45:6–7).

ingen kunne se den. Uten ondskapens sorte tavle kunne derfor ikke godheten i verden bli fremhevet i det hele tatt. For eksempel var Judas den fremste reklameagent for Jesus. Gjennom sin onde handling, sørget Judas for at Kristus ble berømt for all ettertid. Jesus visste hvilken rolle han måtte spille og alt som måtte hende ham for at han skulle kunne demonstrere Guds kjærlighet og storhet; og en skurk var nødvendig for at dette skulle få utspille seg. Men det var ikke godt for Judas at han gjennom sin mørke gjerning valgte å bli den kontrast som fremhevet storheten ved Kristi triumf over ondskapen.

Hvor går skillelinjen mellom godt og ondt?

Det er vanskelig å vite hvor skillelinjen går mellom godt og ondt. Det er unektelig grusomt at bakterier dreper to milliarder mennesker hvert århundre. Men tenk på kaoset av overbefolkning hvis det ikke hadde vært noen død! Og hvis alt her var godt og fullkomment, ville ingen frivillig forlate denne jord; ingen ville ønske å vende tilbake til Gud. I en viss forstand er lidelsen din beste venn da den får deg til å søke Gud. Når du begynner å se verdens ufullkommenhet klart og tydelig, vil du begynne å søke Guds fullkommenhet. Sannheten er at Gud benytter ondskap, ikke for å ødelegge oss, men for å gjøre oss trett av Hans leker – denne verdens leketøy – slik at vi kanskje vil søke Ham.

Dette er årsaken til at Herren Selv tillater urettferdighet og ondskap. Men jeg har sagt til Ham: «Herre, Du har aldri kjent lidelse. Du har alltid vært fullkommen. Hvordan kan Du vite hva lidelse er? Likevel har Du latt oss gjennomgå disse prøvelser; og Du hadde ingenting med å gjøre det. Vi ba ikke om å bli født som dødelige, og om å lide.» (Han har ikke noe imot at jeg krangler med Ham. Han er meget tålmodig.) Herren svarer: «Du behøver ikke fortsette med å lide; Jeg har gitt alle fri vilje til å velge godhet fremfor ondskap, og slik komme tilbake til Meg.»

Hvorfor ondskap er en del av Guds skapelse

Ondskap er derfor Guds prøve for å se om vi vil velge Ham eller Hans gaver. Han skapte oss i Sitt bilde og ga oss evnen til å frigjøre oss selv. Men vi bruker ikke denne evnen.

Den kosmiske filmforestilling

Det finnes et annet aspekt ved dualiteten, eller godt og ondt, som jeg ønsker å forklare for deg. Hvis en filmprodusent hadde laget filmer kun om engler, og viste dem i kinosaler morgen, middag og kveld hver eneste dag, ville han ganske snart måtte legge ned sitt foretak. Han må skape variasjon for å tiltrekke folks oppmerksomhet. Skurken får helten til å virke desto mye bedre! Og vi liker handlinger som er fulle av spenning. Vi har ikke noe imot å se spennende filmer om farer og ulykker da vi vet at de kun er filmer. Jeg husker en gang da jeg ble tatt med for å se en film hvor helten døde; det var slik en tragedie! Derfor ble jeg værende til neste visning av filmen inntil jeg så helten i live igjen; deretter forlot jeg kinosalen.

Hvis du kunne se hva som foregår bak lerretet av dette livet, ville du ikke lide i det hele tatt. Det er en kosmisk filmforestilling. Denne filmen som Gud projiserer på denne jordens lerret, har ingen betydning for meg. Jeg ser på strålen av Guds lys

Hvorfor ondskap er en del av Guds skapelse

som projiserer disse scener på livets filmlerret. Jeg ser hele universets filmbilder komme fra denne strålen.

Ved en annen anledning satt jeg i en kinosal og så et spennende drama på lerretet. Etter en stund så jeg inn i maskinrommet. Jeg la merke til at kinomaskinisten ikke var interessert i filmen ettersom han hadde sett den om og om igjen. Istedenfor leste han en bok. Projeksjonsapparatet gjorde hva det skulle: Lyden var der, og lysstrålen skapte realistiske bilder på lerretet. Og der var publikum, oppslukt av dramaet. Jeg tenkte: «Herre, Du er som denne mannen, sittende her i maskinrommet, absorbert i Ditt eget vesen av lykksalighet og kjærlighet og visdom. Din kosmiske lovs projeksjonsapparat viser scener om sjalusi, kjærlighet, hat og visdom på universets lerret, men Du forblir tilbaketrukket fra Dine forestillinger.» Fra tidsalder til tidsalder, fra sivilisasjon til sivilisasjon, blir de samme gamle filmene vist om og om igjen, kun med forskjellige personer i rollene. Jeg tror Gud blir en smule lei av det hele. Han er trett av det. Det er et under at Han ikke bare trekker ut pluggen og stopper forestillingen!

Da jeg fjernet blikket fra lysstrålen som sendte spenningsfylte scener på lerretet, så jeg på publikum som satt i kinosalen og la merke til at de gjennomlevde alle skuespillernes emosjoner i filmen. De led sammen med helten og reagerte på skurkens ondskap. For publikum var dette en tragisk opplevelse. For operatøren i maskinrommet var det kun en film. Og slik er det med Gud. Han har skapt filmer av lys og skygger, helten og skurken, godt og ondt, og vi er tilskuerne og skuespillerne. Det er kun fordi vi er blitt for sterkt identifisert med skuespillet at vi er i vanskeligheter.

Uten så vel skygger som lys ville ingen filmbilder være mulig. Ondskap er skyggen som omdanner den ene strålen av Guds lys til bilder eller former. Derfor er ondskap Guds skygge som muliggjør denne forestillingen. Ondskapens mørke skygger er flettet inn i den rene hvite strålen som tilkjennegir

Hvorfor ondskap er en del av Guds skapelse

Guds dyder. Han ønsker at du ikke tar disse filmene så alvorlig. Regissøren av en film betrakter mord, lidelse, komedie og drama som midler til å vekke tilskuernes interesse. Selv står regissøren utenfor skuespillet og iscenesetter og observerer det. Gud ønsker at vi opptrer med objektivitet idet vi erkjenner at vi kun er skuespillere eller iakttagere i Hans kosmiske forestilling.

Selv om Gud har alt, kan vi fremdeles hevde at Han har et visst ønske: Han ønsker å finne ut hvem som ikke vil la seg skremme av denne filmen, og hvem som vil spille sin rolle godt og vende tilbake til Ham. Du kan ikke rømme fra dette universet, men hvis du opptrer i denne forestillingen med dine tanker festet på Gud, vil du bli fri.

For den som erkjenner Gud, finnes ingen ondskap

Veien til den høyeste lykke vil ikke bli funnet av forskeren, heller ikke av materialistisk orienterte personer, men av de som følger mestrene som sier: «Vend tilbake til det Uendeliges maskinrom hvorfra du kan se projeksjonen av alle disse kosmiske filmforestillinger. Da vil du ikke bli foruroliget av Guds skapelse, Guds skuespill.»

Min eneste interesse i mennesker er å hjelpe dem. Og så lenge åndedrettet beveger seg i disse lungene, skal jeg prøve å hjelpe andre og be dem komme seg unna denne illusjonens filmforestilling. Fordi du er en del av den nå, lider du. Du må distansere deg og betrakte den, og da kan du ikke lide. Når du er observatør, kan du glede deg over denne forestillingen. Dette er hva du må lære. For Gud er dette kun en film, og når du søker tilflukt i Ham, vil dette bli en filmforestilling også for deg.

Jeg vil fortelle deg en liten historie. En konge falt i søvn og drømte at han var fattig. Han ropte ut i

Hvorfor ondskap er en del av Guds skapelse

søvne om å få kun en mynt til litt mat. Til sist vekket dronningen ham og sa: «Hva er i veien med deg? Ditt skattkammer er fylt med gull og likevel roper du etter en mynt.»

Da svarte kongen: «Å, så dumt av meg. Jeg trodde jeg var tigger og sultet fordi jeg manglet denne ene mynten.»

Slik er illusjonen hos hver sjel som drømmer at den er dødelig, utsatt for marerittaktige onder som sykdommer av alle slag, lidelser, vanskeligheter, hjertesorger. Den eneste måte å slippe unna dette marerittet på, er ved å bli mer tilknyttet Gud og mindre tilknyttet denne verdens drømmebilder. Det er fordi du har rettet din oppmerksomhet mot feilaktige ting at du lider. Hvis du overgir ditt hjerte til mennesket, eller til alkohol, eller grådighet, eller narkotika, vil du lide. Ditt hjerte vil bli sønderknust. Du må feste din lit til Gud. Jo mer du søker fred i Ham, desto mer vil denne freden tilintetgjøre dine bekymringer og lidelser.

Du lider fordi du har tillatt deg å bli så ømfintlig overfor denne verdens onder. Du må lære å bli åndelig tøff, åndelig sterk. Utfør alle de oppgaver du må gjøre, og gled deg over det du gjør, men si i ditt indre: «Herre, jeg er Ditt barn, skapt i ditt bilde. Jeg ønsker ikke noe annet enn Deg.» Den hengivne som følger dette prinsippet, og som oppnår denne erkjennelsen, vil oppdage at for ham eller henne finnes det ingen ondskap i denne verden.

Hvorfor ondskap er en del av Guds skapelse

«Det eksisterer ingen grusomhet i Guds plan, fordi det i Hans øyne ikke finnes godt eller ondt – bare filmer av lys og skygge. Herren mente at vi skulle betrakte livets dualistiske scener slik Han Selv gjør det – som det alltid frydefulle Vitne til et kolossalt kosmisk drama.

«Mennesket har feilaktig identifisert seg med pseudo-sjelen eller egoet. Når det forflytter sin identitetsfølelse til sitt sanne vesen, den udødelige sjel, oppdager mennesket at all smerte er uvirkelig. Det kan sågar ikke lenger forestille seg tilstanden av lidelse.»

– Paramahansa Yogananda, i
Visdomsord av Paramahansa Yogananda

DEL II

Hvorfor Gud skapte verden[4]

Når du leser en svært interessant roman, ser du det gode og onde i strid med hverandre, og du synes det er fryktelig når det onde vinner. For eksempel er helten i ett kapittel nær ved å bli drept, men i det neste ordner alt seg og han blir reddet. Du må forstå at hvert liv er en mesterroman forfattet av Gud. Det er ikke opp til deg å forstå den; du vil komme til kort på grunn av begrensningene i din *maya*-illuderte intelligens. Først overvinn illusjonen og bli ett med Gud; deretter vil du erkjenne hvorfor Han skapte denne verden.[5]

---

4 Utdrag fra en tale holdt 16. desember 1945. Hele talen finnes i *Journey to Self-Realization* (Paramahansa Yoganandas *Collected Talks and Essays*, Volume III), utgitt av Self-Realization Fellowship.

5 *Maya* er den illusoriske kraft iboende i skapelsens struktur, hvorved den Ene viser seg som mange. *Maya* er loven om relativitet, omvending, kontrast, dualitet, motsatte tilstander; «Satan» (bokstavelig, på hebraisk,

Hvorfor Gud skapte verden

Men vi har rett til å spørre Ham hvorfor. Og det er mange, mange årsaker. For det første kan denne jorden umulig være en nødvendighet for Ham, ettersom Gud i så fall ville være ufullkommen; Han ville da hatt noe å oppnå gjennom den. Men vi har helgeners vitnesbyrd på at Han er fullkommen; og jeg legger til min egen erfarings vitnesbyrd, for jeg har funnet forening med Ham. [...]

Denne verden er Guds hobby

Ettersom Gud er fullkommen og denne jorden ikke er en nødvendighet for Hans utvikling, er den derfor en slags hobby for Gud. Det finnes for eksempel to typer kunstnere: Én type er den kommersielle kunstner som tjener penger på

«motstanderen») etter profetene i Det gamle testamente. Paramahansa Yogananda skrev: «Sanskrit-ordet *maya* betyr 'måleren'; det er den magiske kraft i skapelsen hvorved begrensninger og inndelinger tilsynelatende finnes i det Umålbare og Udelelige. [...] I Guds plan og lek *(lila),* er Satans eller mayas eneste oppgave å forsøke å lede mennesket bort fra Ånd til materie, fra Virkelighet til uvirkelighet. [...] *Maya* er sløret av omskiftelighet i Naturen, skapelsens uopphørlige tilblivelse; sløret som hvert menneske må løfte for å kunne se Skaperen bak det, den stabilt Uforanderlige, evige Virkelighet.»

kunsten; og den andre type er en som skaper flyktig kunst uten markedsverdi, ganske enkelt for sin egen fornøyelses skyld. Nå kan vi ikke betrakte Gud som kommersiell, for Han har ingenting å vinne på Sin skapelses kunst. Tilsvarende dyrker noen ganger velstående mennesker spesielle hobbyer som er kostbare, fordi de har råd til dem. Jeg møtte en slik mann i Cincinnati; han drev en stor farm som sin hobby. Da jeg var der som hans gjest, sa jeg: «Din farm betaler vel ikke seg selv, gjør den?» Han svarte: «Det stemmer. Dette egget jeg spiser nå koster meg nitti cents. Jeg kunne kjøpt et i butikken for noen få pence.»

Altså er denne verden Guds hobby. Men det er ikke særlig morsomt for de som lider i den. Jeg sier stadig til Herren: «Hvis Du ønsket en hobby, hvorfor skapte Du smerte og kreft og fryktelige emosjoner som en del av den?» Selvfølgelig er jeg ikke i verden for å kommandere Herren. Jeg vet det. Men jeg krangler med Ham i all ydmykhet.

Hvorfor Gud skapte verden

Han ler til meg, og sier: «I det siste kapittel vil alle få vite svaret på disse spørsmål.»

Vel, jeg vet svaret, men jeg krangler på vegne av de som ikke gjør det: «Det er kanskje en lek for Deg, Herre, men det er lidelse og død for de som ikke vet at det kun er en lek. To mennesker gifter seg og tror de har funnet fullkommen kjærlighet, og så dør én av dem – hvilken tragedie! Eller en som har tjent store penger og tror seg lykkelig, oppdager deretter at aksjemarkedet krasjer og hopper ut av vinduet i desperasjon – så fryktelig! Og i sansenes feller som sex, vin og penger finnes fristelsen ikke bare i det ytre, men også i det indre. Hvordan vil mennesket kunne rettferdiggjøre alt dette? Og hvorfor finnes det gangstere, og personer som er sinnssyke, og alle slags skrekkelige hendelser, Herre? Hvorfor finnes det bakterier som dreper så mange mennesker hvert år? Hvis knoklene til alle som dør av sykdom ble dynget sammen, ville haugen bli så høy som Himalaya; og likevel er dette en hobby for Deg, Gud. Hva med de som er ofre for Din hobby?»

Og Herren sier: «Jeg har skapt alle mennesker i Mitt bilde. Hvis du vet at du er en del av Meg, kan du leve i denne verden og finne glede i den slik Jeg gjør.»

Dette er det endelige svar. Vi ser ikke denne verden slik Gud ser den.

Å se med åpne øyne av visdom og ro

Jeg vil gi dere et eksempel på hvordan ting gikk galt i skapelsen. Hvis jeg akkurat nå i dette rommet plutselig lukker øynene og begynner å danse vilt omkring, glemmer alt rundt meg og begrensningene i at jeg ikke ser, ville dere rope ut til meg: «Vær forsiktig! Du vil falle eller støte på noe!» Men jeg insisterer: «Nei, alt er i orden.» Så snubler jeg, faller og brekker foten; og jeg roper ut og spør: «Hvorfor skjedde dette meg?» Dere vil svare: «Vel, hvorfor lukket du øynene og prøvde å danse i blinde?» Da svarer jeg: «Du verden. Hvorfor danset jeg med lukkede øyne?»

Fordi deres øyne er lukket, kan dere ikke unngå å tenke at denne verden er fryktelig. Men hvis dere holder deres øyne av visdom og ro åpne, vil dere oppdage at det er mye å glede seg over i denne verden – akkurat som om dere ser på en filmforestilling. [...]

Vi har frihet til å velge å bli viklet inn i dramaet eller heve oss over det

Vi kan hevde at Gud ikke bare som en hobby skapte denne jorden, men også fordi Han ønsket å skape fullkomne sjeler som gjennom utvikling skulle komme tilbake til Ham. Han sendte dem ut under illusjonens dekke, eller *maya,* men utrustet med frihet. Dette er Guds største gave. Han har ikke nektet menneskeheten det frie valg som Han Selv har. Han har gitt mennesket frihet til å være godt eller ondt, til å gjøre nøyaktig som det vil – selv det å fornekte Gud. Både godt og ondt eksisterer, men ingen tvinger deg til å være ond med mindre du velger å forvolde ondskap; og ingen kan tvinge deg til å være god med mindre du ønsker å være god. Gud skapte oss med evnen til å ta i bruk Hans gaver av intelligens og fritt valg, med hvilke vi kan velge å vende tilbake til Ham. Gud har avgjort til hensikt å føre oss tilbake når vi er rede til å dra. Vi er som den bibelske fortapte sønn, og Gud kaller på oss uavbrutt for å få oss til å vende Hjem.

Idealet til hvert menneske burde dreie seg om å være god, å være lykkelig, og å finne Gud. Du vil aldri bli lykkelig med mindre du finner Gud. Derfor sa Jesus: «Søk først Guds rike [...].»[6] Dette er formålet med vår eksistens: At vi etterstreber å bli gode, å bli fullkomne, og å bruke vår frie vilje til å velge det gode fremfor det onde. Gud har gitt oss all den styrke vi trenger for å kunne gjennomføre det. Sinnet er som et elastisk bånd. Jo mer du trekker i det, desto med strekker det seg. Sinnets elastisitet vil aldri kunne ryke. Hver gang du opplever begrensninger, lukk øynene og si til deg selv: «Jeg

---

6 Matteus 6:33.

Hvorfor Gud skapte verden

er det Uendelige», og du vil oppdage hvilken styrke du har.

Ingen sanseglede, ingen eierglede kan måle seg med Guds glede. Skjønt Han hadde alt fra evighet til evighet, begynte Han å tenke: «Jeg er allmektig, og Gleden selv, men der er ingen andre til å gledes over Meg.» Og så tenkte Han, idet Han begynte å skape: «Jeg vil utforme sjeler i Mitt bilde, og kle dem som mennesker med fritt valg, for å se om de vil søke Mine materielle gaver og fristelsene i penger, vin, og sex; eller om de vil søke den million ganger mer berusende glede i Min bevissthet.» Poenget som gir meg størst tilfredsstillelse er at Gud er meget upartisk og rettferdig. Han ga mennesket frihet til å ta imot Hans kjærlighet og leve i Hans glede, eller forkaste den og leve i illusjon, i uvitenhet om Ham.

Selv om alle skapte ting tilhører Gud, er det én ting Gud ikke har – vår kjærlighet. Da Han skapte oss, hadde Han likevel noe å oppnå, og det er vår kjærlighet. Vi kan holde tilbake denne kjærligheten, eller gi den til Ham. Og Han vil vente i det uendelige inntil vi er rede til å gi vår kjærlighet til Ham. Når vi gjør det, når den fortapte sønn kommer Hjem, blir visdommens gjøkalv slaktet og det gledes stort. Når en sjel kommer tilbake til Gud, er det i sannhet stor glede blant alle himmelens helgener. Dette er forklaringen på lignelsen om den fortapte sønn som fortalt av Jesus.

Observer deg selv fra introspeksjonens balkong

Livet byr på mye mer enn det du tror. Ettersom alt jordisk ser så virkelig ut, hvor mye mer virkelig må da ikke Virkeligheten være, som skaper denne uvirkelige virkelighet! Men den uvirkelige virkelighet får deg til å glemme Virkeligheten. Gud ønsker du skal huske at du ikke ville ha noe imot denne jorden hvis den var som en filmforestilling. Selv om legemets skjøre knokler skulle brekke, ville du si: «Vel, se på disse brukne knokler», og du ville ikke føle noen uro eller lidelse. Du kan si dette når du er forankret i den Guddommelige Bevissthet. Du vil gjøre narr av dine vaner, og du vil more deg sterkt over dine spesielle karaktertrekk, som om du fra introspeksjonens balkong observerer deg selv opptre i livets filmforestilling. Jeg gjør dette hele tiden. Når du vet at denne verden er Guds *lila* – Hans lek – da blir du ikke opprørt av kontrastene i dette drama av godt og ondt.

I drømme kan du se rike mennesker, fattige mennesker, noen sterke, andre jamrende av sykdom, noen døende, og andre som blir født. Men når du våkner, skjønner du at det kun var en drøm. Dette universet er Guds drøm. Og når jeg spør Ham: «Hvorfor drømmer Du ikke bare vakre drømmer? Hvorfor må din forestilling være full av mareritt?» Han svarer: «Du må bli i stand til å finne glede i det kosmiske drama, å se både marerittene og de vakre opplevelsene for det de er – drømmer, kun drømmer. Men hvis du drømmer kun vakre drømmer, vil du drukne i denne skjønnheten og aldri ønske å våkne opp.» Dette er svaret. Derfor må du ikke bli skremt når marerittene kommer, men si: «Herre, det er en forbigående drøm. Den har ingen realitet.» Og når du smiler i helse og lykke, si: «Herre, det er en vakker drøm, men gjør hva Du vil med mitt livs drømmer.» Når du verken er berørt av mareritt om sykdom og lidelse og bekymringer, eller bundet av vakre drømmer, da sier Gud: «Våkn opp, nå! Kom Hjem.»

Å skille det uvirkelige fra det virkelige

Som liten gutt pleide jeg å drømme at en tiger kom etter meg; jeg ropte ut at tigeren hadde tatt tak i foten min. Mor pleide da å komme for å riste meg ut av drømmen og forsikre: «Se, ingenting er i veien. Der er ingen tiger. Foten din er i orden.» Som følge av denne barndomsdrøm fikk jeg den første vidunderlige opplevelse som Gud ga meg: Siste gang jeg hadde denne drømmen, sa jeg: «Dette er et gammelt knep. Der er ingen tiger som kommer etter foten min.» Og jeg kom meg hurtig ut av drømmen. Den forsvant og kom aldri tilbake. Fra da av passet jeg på, selv i drømme, å skille det uvirkelige fra det Virkelige.

Helgener er de som er halvt våkne og halvt drømmende: På den ene side våkne i Gud, og på den annen side drømmer de inkarnasjonens drøm. Men de kan hurtig komme seg ut av denne drømmen. Når mitt legeme opplever en eller annen plage eller smerte, fokuserer jeg mine øyne og mitt sinn her ved *Kutastha,* eller Kristus-bevissthetens senter mellom

Hvorfor Gud tillater ondskap

øyenbrynene, og da føler jeg ingen smerte; og etter en liten stund ser jeg sågar ikke, eller føler, legemet.[7]

Så husk, Gud drømmer denne verden. Og hvis vi er i samklang med Ham, vil vi leve et guddommelig beruset liv og ingenting vil uroe oss. Vi vil se på denne kosmiske film slik vi ser på filmer i en kinosal, uten å bli såret. Gud skapte oss slik at vi kan drømme som Han gjør, finne glede i denne drømmen og alle dens kontrasterende opplevelser, som en underholdning, uten å la oss påvirke av den, absorbert i Hans evige glede.

---

[7] «Kristus-bevisstheten» er Guds projiserte bevissthet immanent i all skapelse. I kristne skrifter er den kalt «den enbårne sønn», den eneste rene gjenspeiling av Gud Faderen i skapelsen; i hindu-skriftene er den kalt *Kutastha Chaitanya* eller *Tat,* eller Åndens kosmiske intelligens overalt nærværende i skapelsen. Det er den universelle bevissthet, enhet med Gud, manifestert av Jesus, Krishna, og andre avatarer. Store helgener og yogier kjenner den som tilstanden av *samadhi*-meditasjon hvori deres bevissthet er blitt identifisert med intelligensen i hver av skapelsens partikler: De føler hele universet som deres eget legeme.

«'Vet dere ikke at dere er Guds tempel, og at Guds ånd bor i dere?[8] *Hvis du kan rense og utvide ditt sinn gjennom meditasjon, og motta Gud i din bevissthet, vil også du bli fri fra illusjonen om sykdom, begrensninger og død.»*

> –Paramahansa Yogananda, i
> *The Divine Romance*

---

8 Paulus' første brev til korinterne 3:16.

En besvart bønn ...

En dag gikk jeg inn i en kinosal for å se en filmavis fra de europeiske slagmarker. Første verdenskrig herjet fremdeles i Vesten; filmavisen viste blodbadet med en slik realisme at jeg gikk fra kinosalen med et urolig hjerte.

«Herre», ba jeg, «hvorfor tillater Du slik lidelse?»

Til min store overraskelse kom et umiddelbart svar i form av en visjon fra de faktiske europeiske slagmarker. Scenene, fylt av døde og døende, overgikk langt i grusomhet enhver av filmavisens skildringer.

«Se nøye!» En mild Stemme snakket til min indre bevissthet. «Du vil oppdage at disse scenene som nå utspiller seg i Frankrike ikke er annet enn et spill av kontraster. De er den kosmiske spillefilm, like virkelig og uvirkelig som filmavisen du nettopp så – et skuespill i skuespillet.»

Mitt hjerte var fremdeles ikke trøstet. Den Guddommelige Stemme fortsatte: «Skapelsen er både lys og skygge, ellers er intet bilde mulig. Det gode og onde i *maya* vil alltid måtte veksle om å ha dominans. Hvis det var uopphørlig glede her i denne verden, ville da mennesket ønske en annen? Uten lidelse bryr mennesket seg knapt om å huske at det har forlatt sitt evige hjem. Smerte er en spore for hukommelsen. Redningens vei går gjennom visdom. Dødens tragedie er uvirkelig; de som grøsser for den er lik en uvitende skuespiller som dør av skrekk på scenen uten å ha blitt beskutt av annet enn en løspatron. Mine sønner er barn av lyset; de vil ikke for alltid sove i illusjonen.»

Skjønt jeg hadde lest om *maya* i skriftene, hadde de ikke gitt meg den dype innsikt som kom med personlige visjoner og med de ledsagende ord til trøst. Ens verdier blir dyptgripende forandret når man endelig er overbevist om at skapelsen kun er en enorm filmforestilling; og at det ikke er i denne, men hinsides denne at ens egen virkelighet ligger.

> – Paramahansa Yogananda, i
> *En yogis selvbiografi*

«Yoga er vitenskapen hvorigjennom sjelen vinner kontroll over legemets og sinnets instrumenter og benytter dem til å oppnå Selv-erkjennelse – den gjenoppvåknede bevissthet om dens transcendente, udødelige vesen, ett med Ånden. Som et individualisert selv, har sjelen nedsteget fra Åndens universalitet og blitt identifisert med legemets begrensninger og dets sansebevissthet. [...]

«Når du flytter sentret for bevissthet, oppfattelse og følelse fra legeme og sinn til sjelen – ditt sanne, udødelige, transcendentale Selv – vil du oppnå yogiens kontroll over livet og seier over døden.»

– Paramahansa Yogananda

DEL III

En verden av kosmisk underholdning

Verden er Guds storslagne lek

Det fortidige Indias *rishier*, som trengte inn i den Opprinnelige Årsak bak Eksistensen, erklærer at Gud er fullkommen; at Han ikke behøver noe, da alt er innbefattet i Ham Selv; og at denne verden er Guds *lila*, eller storslagne lek. Det kan se ut til at Herren, som et lite barn, elsker å leke, og Hans *lila* er den endeløse variasjon i den alltid-skiftende skapelse.

Jeg pleide å resonnere slik: Gud var uendelig, allvitende Lykksalighet; men ettersom Han var alene, fantes det ingen andre enn Ham som kunne glede seg over denne Lykksalighet. Derfor sa Han:

Hvorfor Gud tillater ondskap

«La Meg skape et univers og dele Meg Selv opp som mange sjeler slik at de kan leke sammen med Meg i Mitt evolusjonære drama.» Gjennom Hans magisk inndelende kraft, *maya*, ble Han todelt: Ånd og Natur, mann og kvinne, positiv og negativ.[9] Men selv om Han har skapt universet gjennom illusjon, er Han Selv ikke illudert av det. Han vet at alt kun er en differensiering av Hans ene Kosmiske Bevissthet. Opplevelser knyttet til sanser og emosjoner, dramaene om krig og fred, sykdom og helse, liv og død – alt foregår i Gud som Drømme-Skaperen av alle ting, skjønt Han er uberørt av dem. En del av Hans Uendelige Vesen forblir alltid transcendent, hinsides vibratoriske dualiteter: Der er Gud inaktiv. Når Han lar Sin bevissthet vibrere med tanker om mangfoldighet, blir Han immanent og allestedsnærværende som Skaperen i den endelige vibratoriske sfære av uendeligheten: Der er Han aktiv. Vibrasjon frembringer objekter og vesener som gjensidig påvirker hverandre i verdensrommet

---

9 Se fotnote om *maya*, side 16.

gjennom tidens løp – akkurat slik vibrasjonene fra menneskets bevissthet frembringer drømmer under søvn.

Hvis vi forener oss med Gud, vil vi ikke lenger lide

Gud skapte dette drømme-universet for å underholde Seg Selv og oss. Den eneste innvending jeg har mot Guds *lila* er denne: «Herre, hvorfor tillot Du lidelse som en del av leken?» Smerten er så avskyelig og pinefull. Eksistensen blir da ikke lenger underholdning, men en tragedie. Her er det at helgeners mellomkomst gjør seg gjeldende. De minner oss om at Gud er allmektig, og hvis vi forener oss med Ham vil vi ikke lenger bli skadet i denne lekestuen Hans. Det er vi som utsetter oss selv for smerte hvis vi bryter de guddommelige lover Han baserer hele universet på. Vår redning er å forene oss med Ham. Med mindre vi samstemmer oss med Gud, og dermed vet at denne verden ikke er annet enn en kosmisk forestilling, er vi dømt til å lide. Det virker som om lidelse er en nødvendig disiplinering for å påminne oss om å søke forening med Gud. Da vil vi, som Ham, bli underholdt av denne fantastiske forestillingen.

Det er vidunderlig å tenke dypt over disse tingene. Jeg forsker i disse sfærer hele tiden. Selv mens jeg snakker til dere, observerer jeg disse sannheter. Det ville i sannhet være fryktelig om et Allmektig Vesen hadde kastet oss inn i denne illusoriske, jordiske eksistens uten en rømningsvei eller evnen til å kunne erkjenne hva Han erkjenner. Men dette er ikke tilfelle. Det finnes en utvei. Hver natt under dyp søvn glemmer du denne verden ubevisst; da finnes den ikke lenger for deg. Og hver gang du mediterer dypt, transcenderer du den bevisst; da eksisterer ikke verden for deg. Derfor sier helgener at det kun er gjennom å forene oss med Gud at vi vil kunne forstå at denne verden ikke er noe vi burde tillegge stor viktighet. [...]

Hvis du kjente din udødelige natur, ville du ikke ha noe imot dette drama

Vi kan hevde at Gud aldri burde ha skapt denne verden hvor problemene er så mange. Men på den annen side sier helgener at dersom dere bare visste at dere er guder,[10] ville dere ikke ha noe imot den. Hvis du ser en film, liker du masse spenning fremfor noe kjedelig, ikke sant? Det er slik du burde glede deg over denne verden. Betrakt livet som en film, og da vil du forstå hvorfor Gud skapte den. Vårt problem er at vi glemmer å betrakte den som Guds underholdning.

Gjennom hellige skrifter har Gud sagt at vi er skapt i Hans bilde. Som sådanne kan vi beskue denne verdens drama som en film, akkurat slik Han gjør, om vi bare retter blikket mot sjelens fullkommenhet i vårt indre og erkjenner vår enhet med det Guddommelige. Da vil denne kosmiske filmen, med sine grusomheter som sykdom og fattigdom og

---

10 «Står det ikke skrevet i deres egen lov: Jeg har sagt: Dere er guder?» (Johannes 10:34).

atombomber, ikke fremstå mer virkelig for oss enn de misforhold vi opplever i en kinosal. Når vi har sett filmen ferdig, vet vi at ingen ble drept; ingen ble utsatt for lidelse. Faktisk er denne sannhet det eneste svar jeg finner når jeg undersøker livets drama. Det er ingenting annet enn et elektrisk skyggespill, en forestilling av lys og skygge. Alt er vibrasjonen av Guds bevissthet fortettet til elektromagnetiske bilder. Kjernen i disse bilder kan ikke bli hugget av med sverd, eller bli brent, eller druknes, eller oppleve smerte av noe slag. Den er ikke født og dør heller ikke. Den gjennomgår simpelthen noen forandringer.[11] Hvis vi kunne betrakte denne verden slik Gud gjør, og slik helgener gjør, ville vi være fri denne drømmens tilsynelatende virkelighet. [...]

---

11 «Dette Selv er aldri født og vil heller aldri utslettes; heller ikke ved å tre inn i tilværelsen vil det siden opphøre å være. Det er uten fødsel, evig, uforanderlig, alltid likeens (uberørt av de vanlige prosesser knyttet til tid). Det er ikke ihjelslått når legemet er drept. [...]

«Intet våpen kan gjennombore sjelen, ingen ild kan brenne den, intet vann kan fukte den, ei heller kan noen vind tørke den. Sjelen er ugjennomtrengelig; den kan ikke bli brent eller fuktet eller tørket. Sjelen er uforanderlig, alt-gjennomtrengende, alltid rolig og urokkelig – evig den samme.» (*God Talks With Arjuna: The Bhagavad Gita* II:20, 23-24).

En verden av kosmisk underholdning

Våkne opp fra den kosmiske drøm

Slik man halvt våken kan oppleve en drøm og vite at man drømmer, og likevel være atskilt fra den, er det Gud opplever dette universet. På den ene siden er Han våken i alltid ny Lykksalighet, og på den annen side drømmer Han dette universet. Slik er det du burde se på denne verden. Da vil du vite hvorfor Han skapte den, og du vil ikke tilskrive din sjel disse drømme-tilstander. Hvis du opplever et mareritt, vet du at det ikke er annet enn en vond drøm. Hvis du kan leve i verden i denne bevisstheten, vil du ikke lide. Dette er hva *Kriya-yoga* vil gi deg. Dette er hva *Self-Realization Fellowship Lessons* vil gjøre for deg så sant du trofast anvender dem.[12] Det er denne lære du bør konsentrere deg om, ikke om min eller noen annens personlighet. Og det er ikke snakk om simpelthen å lese disse sannheter, men

---

12 Kriya-yoga er en hellig, åndelige vitenskap som oppstod for flere årtusen siden i India. Den innbefatter bestemte meditasjonsteknikker som ved trofast anvendelse fører til erkjennelse av Gud, hvilke læres til studenter av *Self-Realization Fellowship Lessons*.

om å praktisere dem. Lesing vil ikke gjøre deg vis; erkjennelse vil.

Av denne grunn leser jeg ikke mye. Mitt sinn er alltid konsentrert her, i sentret for Kristus-bevissthet (*Kutastha*). I det allestedsnærværende lys av Kosmisk Intelligens fremstår verden så annerledes! Noen ganger betrakter jeg alt som elektriske bilder; ingen vekt eller masse er knyttet til legemet. Det å lese om vitenskapens underverk vil ikke gjøre deg til en vis person, for det finnes så mye mer å vite. Les fra livets bok som ligger gjemt i ditt indre, i sjelens allvitenhet, like bak de lukkede øynes mørke. Oppdag denne uendelige Virkelighetens sfære. Betrakt denne jorden som en drøm, og du vil da forstå at det er i orden for deg å legge deg ned på denne jordens seng og drømme livets drøm. Da spiller det ingen rolle for deg, fordi du vet at du drømmer.

Religiøse lærere fra Vesten forkynner velstand, lykke, helse og løftet om et strålende liv etter døden; ikke hvordan å kunne oppleve Guddommelig

En verden av kosmisk underholdning

Lykksalighet og være uberørt av lidelse her og nå. Her er det læren fra Indias store *rishier* går mye dypere. Oksidentalere har anklaget mestrene for å fremsette en negativ livsfilosofi, det vil si: Det spiller ingen rolle om du lider, det spiller ingen rolle om du er glad eller ikke; fornekt verden. Tvert imot spør Indias mestre: «Hva skal du gjøre når du står overfor smerte og sorg? Skal du gråte hjelpeløst, eller skal du anvende de teknikker som fører til et likevektig og transcenderende sinn, mens du kurerer deg for ondet?» De anbefaler avhjelpende tiltak basert på sunn fornuft, samtidig som man tar kontroll over emosjonene for ikke å la fortvilelse ta overhånd hvis helsen forsvinner og smerte kommer. Med andre ord betoner de viktigheten av å plassere seg selv på ens indre trone, i sjelens rene glede, som ikke kan svertes av de lunefulle vinder fra livets vakre drømmer eller av marerittenes tærende stormer. De som vanemessig holder fast ved materialistisk bevissthet, vil ikke ønske å gjøre den nødvendige anstrengelse for å oppnå denne tilstanden av usårbarhet. Når lidelsen så kommer, lærer de ingenting av den og gjentar dermed de samme feil. [...]

Skjenk ikke disse forbigående scener i livet utilbørlig oppmerksomhet. Du er det udødelige Selv, og lever kun midlertidig i en drøm som noen ganger er et mareritt. Dette er den høyere filosofi fra Indias mestre.

Emosjonell sensitivitet er årsaken til lidelse

Vær ikke så sensitiv. Emosjonell sensitivitet er den stille årsak bak all lidelse. Å styrke skaperverkets betydning som virkelighet ved å involvere deg emosjonelt i det, er tåpelig. Å la være å meditere, å la være å sitte stille og erkjenne din sanne sjelsnatur, men i stedet drive med som en del av skaperverkets evinnelige bevegelse, er en konstant fare for din lykke. Kanskje vil ditt legeme en dag bli alvorlig rammet av sykdom, og selv om du da måtte ønske å gå eller gjøre andre ting du pleide å gjøre i dine yngre og sprekere dager, oppdager du at det ikke lar seg gjøre; det er en fryktelig desillusjonering for sjelen. Før den dagen kommer, gjør deg så fri at du kan se på ditt legeme med objektivitet og ta vare på det som om det var en annens.

En av mine studenter hadde en svært smertefull tilstand i sitt kne hvor knoklene hennes gikk i oppløsning. Jeg vet ikke hvor mange ganger det benet ble operert og satt sammen igjen. Men hun snakket om det som om det slett ikke var noe: «Det er en mindre operasjon», kunne hun si henkastet. Slik er det man bør ta livet. Dyrk frem sinnstilstanden hvorigjennom du kan leve med større mental styrke.

Selv når du ikke har mulighet til å meditere lenge eller dypt, tenk alltid at du arbeider for Gud. Når ditt sinn kan forbli forankret i Ham, vil du ikke lenger lide; intet omfang av plager eller sykdom vil være i stand til å påvirke deg innvendig. Når dette legemet noen ganger forårsaker problemer, vender jeg blikket innover og alt forsvinner i Guds lys. Slik du ser filmbilder på lerretet og setter pris på den kontrastfylte konflikt mellom gode og onde handlinger, og mellom gledelige og sørgmodige scener, slik vil du bli underholdt av denne verden. Du vil si: «Herre, hva enn Du gjør, er det i orden.» Men inntil du bevisst erkjenner at alt dette er en drøm, vil du ikke forstå hvorfor Gud skapte denne verden.

Vær som den aktive-inaktive Herren

Jeg tror at Gud gjennom å frembringe universet ønsket å holde seg virksom. La dette være til oppmuntring for åndelige aspiranter. Mange tror at det å finne Gud og komme seg bort fra denne drømmen forutsetter at de må forsake deres ansvarsoppgaver og trekke seg tilbake i Himalaya eller andre helt isolerte steder. Men så enkelt er det ikke. Sinnet ville fremdeles være engasjert i humørsvingninger og rastløshet, og legemet måtte være svært aktivt for kun å holde varmen og å stilne sulten og andre behov. Det er enklere å finne Gud i sivilisasjonens jungel hvis du etterlever

En verden av kosmisk underholdning

en balanse mellom meditasjon og konstruktivt, ansvarsbevisst arbeid. Vær som den aktive-inaktive Herren. I skapelsen er Han frydefullt virksom; hinsides skapelsen er Han frydefullt ubevegelig i guddommelig lykksalighet. På grunn av innsatsen jeg la ned for å finne Gud i meditasjon, er jeg i Hans lykksalighet selv i full aktivitet. Og derfor har aktivitet overhodet ingen negativ innflytelse på meg. Selv om jeg kan si at jeg ikke liker dette eller hint i dualitetene som omgir meg, er jeg i mitt indre likevel rolig og som stål: «Rolig aktiv og aktivt rolig; som en prins av fred sittende på tronen av likevekt, styrer jeg aktivitetens rike.»

Etter alt å dømme ser det ut til at Gud ut fra fullkommenhet skapte ufullkomne vesener. Men sannheten er at ufullkomne vesener er fullkomne – sjeler skapt i Guds bilde. Alt Gud ønsker at du skal gjøre er å skille dine drømme-ufullkommenheter fra ditt fullkomne Selv. Når du tenker på ditt forgjengelige liv med alle dets problemer og identifiserer deg med disse, gjør du urett mot Guds bilde i ditt indre. Affirmer og erkjenn: «Jeg er ikke et forgjengelig vesen; jeg er Ånd.»

Gjennom det onde så vel som det gode, lokker Gud oss tilbake til Seg

Gud prøver alltid å føre Sine barn tilbake til deres iboende fullkommenhet. Derfor vil du selv i ondskapsfulle mennesker finne en søken etter Gud, skjønt den ikke måtte være uttalt slik. Klarer du å finne en ondskapsfull person som vil utvinne lidelse fra sine handlinger? Nei. Personen tror at disse sysler vil føre til en gledesstund. Den som drikker alkohol eller bruker narkotika tror at dette vil gi glede. Overalt vil du se mennesker, gode og onde, som på hver sin måte søker lykke. Ingen ønsker å volde seg selv smerte. Hvorfor oppfører da folk seg på en ondskapsfull måte som er dømt til å forårsake smerte og sorg? Slike handlinger har sitt utspring i den største av alle synder – uvitenhet. «Ugjerningsperson» er det riktige ord fremfor «synder». Du kan fordømme ugjerningen, men du burde aldri fordømme personen. Synder er feil begått under innflytelse av uvitenhet, eller illusjon. Var det ikke for en annen grad av forståelse, kunne du ha vært i samme båt. Jesus sa: «Den av dere som er uten synd, kan kaste den første steinen [...]»[13]

Poenget er: Gjennom alt vi gjør søker vi lykke. Ingen kan i sannhet erklære seg materialist, da enhver som søker lykke søker Gud. Derfor, i det onde så vel som det gode, lokker Gud oss tilbake til Seg gjennom vår søken etter lykke. Sorgen forvoldt av ondskap vil til syvende og sist få den villfarne til å søke gledene ved rettskaffenhet. Ettersom livet i seg selv er en blanding av godt og ondt, av vakre drømmer og av mareritt, burde vi oppsøke og bidra til å skape vakre drømmer og ikke la oss fange av redselsfulle mareritt.

Å kjenne Gud er sann visdom

I deres reaksjon på livet, vil de fleste mennesker enten si «Herren være lovet», eller formane oss å

---

13 Johannes 8:7.

være redd Ham. Og noen klandrer og forbanner Ham. Jeg synes dette er svært tåpelig. Hva kan du si til Gud som vil være lovprisende? Han blir ikke beveget av lovprisning eller smiger, da Han har alt. De fleste bønner legges frem av mennesker som er i vanskeligheter; noen roper ut «Herren være lovet», i håp om å motta en gunst. Du kan forbanne eller lovprise Herren, det utgjør ingen forskjell for Ham. Men det vil utgjøre en forskjell i deg. Lovpris Ham – eller enda bedre, *elsk* Ham – og du vil føle deg bedre. Å forbanne Ham slår smertefullt tilbake på deg selv. Når du går imot Gud, går du imot ditt eget sanne vesen – det guddommelige bilde som Gud skapte deg i. Når du går imot dette, straffer du deg selv automatisk.

Fra barndommen av var jeg i opprør mot livet på grunn av all den urettferdighet jeg så. Men det eneste jeg nå i mitt indre føler opprør mot, er at folk ikke kjenner Gud. Den største synd er uvitenhet – ikke å vite hva livet dreier seg om. Og den største dyd er visdom – å kjenne meningen og hensikten

En verden av kosmisk underholdning

med livet, og dets Skaper. Å vite at vi ikke er små menneskevesener, men at vi er ett med Ham, er visdom.

Hver natt under søvn fjerner Gud alle dine problemer for å vise deg at du ikke er et jordisk vesen; du er Ånd. Gud vil at du skal huske denne sannheten i bevisst tilstand, slik at du ikke lenger lar deg plage av livets misforhold. Hvis vi fint kan eksistere om natten under dyp søvn uten å tenke på denne verden med dens problemer, kan vi saktens eksistere i Guds verden av aktivitet uten å la oss fange inn i denne drømmen. Selv om drømme-universer driver rundt i Guds bevissthet, er Han alltid våken og vet at Han drømmer. Han sier til oss: «Bli ikke grepet av panikk under denne dagdrømmen; vend dere til Meg som Realiteten bak drømmen.» Når helse og glede råder, smil i drømmen. Når det oppstår mareritt av sykdom og sorg, si: «Jeg er våken i Gud, og observerer kun mitt livs drama.» Da vil du vite at Gud har skapt dette universet som underholdning for Seg Selv. Og du – som er skapt i

Hans bilde – er ikke bare gitt full rett til, men også evnen til å glede deg over dette skuespill med dets vekslende drømmer på samme måte som Han. [...]

Forkast dette drømmebildet av sykdom og helse, sorg og glede. Hev deg over det. Bli Selvet. Betrakt universets forestilling, men bli ikke oppslukt av den. Jeg har mange ganger sett mitt legeme forsvinne fra denne verden. Jeg ler av døden. Jeg er rede når som helst. Det betyr ingenting. Evig liv er mitt. Jeg er havet av bevissthet. Noen ganger blir jeg legemets lille bølge, men aldri er jeg bare bølgen uten Guds Hav.

Døden og mørket kan ikke spre frykt over oss, for vi er den samme Bevissthet som Gud skapte dette universet av.

I Bhagavad Gita sier Herren:

Hvem enn som erkjenner Meg som den Ufødte og Begynnelsesløse så vel som den Høyeste Herre av Skapelsen – dette menneske har overvunnet illusjonen

En verden av kosmisk underholdning

og oppnådd den syndfrie tilstand selv når ikledd et forgjengelig legeme. [...]

Jeg er Kilden til alt; fra Meg oppstår hele skapelsen. Gjennom denne erkjennelse vil de vise, slått av ærefrykt, tilbe Meg. Med deres tanker fullt og helt på Meg, deres vesen i overgivelse til Meg, mens de opplyser hverandre og for alltid forkynner Meg, er Mine hengivne tilfreds og fylt av glede. [...]

I dem tenner Jeg, den Guddommelig Iboende, i ren barmhjertighet en strålende lampe av visdom som fordriver mørket født av uvitenhet.

– Bhagavad Gita X:3, 8-9, 11.

DEL IV

Å oppdage Guds betingelsesløse kjærlighet bak skapelsens mysterie-slør[14]

Intet menneske, ingen profet, vil noensinne være i stand til å utslette all urettferdighet og splittelse på denne jorden. Men når du befinner deg i Guds bevissthet, forsvinner disse misforhold og du vil si:

> Å, livet er skjønt og døden en drøm,
> Når Din sang strømmer gjennom meg.
> Da er glede skjønt, sorg en drøm,
> Når Din sang strømmer gjennom meg.
> Da er helse skjønt, sykdom en drøm,
> Når Din sang strømmer gjennom meg.
> Da er lovord skjønt, klander en drøm,
> Når Din sang strømmer gjennom meg.[15]

---

14 Utvalg fra taler av Paramahansa Yogananda.

15 Disse strofer er fra en sang i *Cosmic Chants* av Paramahansa Yogananda (utgitt av Self-Realization Fellowship).

Å oppdage Guds betingelsesløse kjærlighet

Dette er den høyeste filosofi. Vær ikke redd for noe. Selv når du kastes omkring på en bølge i en storm, er du fremdeles i havets favn. Hold alltid fast ved bevisstheten om Guds underliggende nærvær. Behold et likevektig sinn og si: «Jeg er fryktløs; jeg er skapt av Guds substans. Jeg er en gnist av Åndens Ild. Jeg er et atom i den Kosmiske Flamme. Jeg er en celle i Faderens vidstrakte, universelle legeme. 'Jeg og min Fader er Ett.'»

Bruk hele din sjels styrke for å finne Gud. [...] Illusjonens røykteppe har kommet mellom oss og Ham, og Han er lei for at vi har mistet Ham av syne. Han er ikke glad for å se så mye lidelse blant Sine barn – hvordan de dør av fallende bomber, fryktelige sykdommer og dårlige levevaner. Han beklager det, for Han elsker oss og ønsker oss tilbake. Om du bare ville gjøre en innsats om kvelden for å meditere og være sammen med Ham! Han tenker så mye på deg.

Du er ikke forlatt. Det er du som har forlatt ditt Selv. [...] Gud er aldri likegyldig overfor deg. [...]

Hele hensikten med skapelsen er å anspore deg til å løse dets mysterium og oppfatte Gud bak alt. Han ønsker at du skal glemme alt annet og søke Ham alene. Straks du har funnet ly i Herren, finnes ingen bevissthet om liv og død som realiteter. Du vil da oppfatte alle dualiteter lik drømmer under søvn, som kommer og går i Guds evige eksistens. Glem ikke denne talen – en tale Han uttrykker til deg gjennom min stemme. Glem ikke! Han sier:

«Jeg er like hjelpeløs som deg, for Jeg – som din sjel – er bundet i legemet sammen med deg. Med mindre du frigjør ditt Selv, er jeg sperret inne sammen med deg. Kast ikke lenger bort tiden, krypende i lidelsens og uvitenhetens gjørme. Kom! Bad i Mitt lys.»

Herren ønsker at vi skal gjøre oss fri fra denne illusoriske verden. Han gråter på våre vegne, for Han

Å oppdage Guds betingelsesløse kjærlighet

vet hvor vanskelig det er for oss å oppnå Hans frigjøring. Men du behøver kun å huske at du er Hans barn. Ikke synes synd på deg selv. Du er like høyt elsket av Gud som det Jesus og Krishna er. Du må søke Hans kjærlighet, for den omfatter evig frihet, endeløs glede og udødelighet.

Like bak skyggene av dette liv er Guds vidunderlige Lys. Universet er et vidstrakt tempel av Hans nærvær. Når du mediterer, vil du oppdage dører til Ham åpne seg overalt. Når du er i forening med Ham, kan ikke all verdens ødeleggelser frata deg denne Glede og Fred.

OM FORFATTEREN

PARAMAHANSA YOGANANDA (1892-1952) er allment regnet som en av de mest fremtredende åndelige skikkelser i vår tid. Han var født i Nord-India og kom til De forente stater i 1920, hvor han i mer enn tretti år underviste i Indias urgamle meditasjonsvitenskap og i kunsten å leve et balansert liv. Gjennom sin kritikerroste livsskildring, *En yogis selvbiografi*, og sine tallrike andre bøker, har Paramahansa Yogananda introdusert millioner av lesere for Østens evige visdom. I dag er hans åndelige og humanitære arbeid videreført av Self-Realization Fellowship, det internasjonale samfunn han i 1920 grunnla for utbredelsen av hans lære på verdensbasis. Nåværende president og åndelige overhode for Self-Realization Fellowship er Brother Chidananda. En prisbelønnet dokumentarfilm om Paramahansa Yoganandas liv og arbeid, *Awake: The Life of Yogananda*, ble lansert i oktober 2014.

UTGIVELSER PÅ NORSK FRA
SELF-REALIZATION FELLOWSHIP

Tilgjengelige på www.srfbooks.org *eller andre bokforhandlere online.*

En yogis selvbiografi

Menneskets evige søken

Loven om suksess

Hvordan du kan snakke med Gud

Vitenskapelige, helbredende bekreftelser

Metafysiske meditasjoner

Religionens vitenskap

Visdomsord av Paramahansa Yogananda

Dagbok for sjelen

Den hellige vitenskap

Leve fryktløst

Hvorfor Gud tillater ondskap og hvordan heve seg over den

BØKER PÅ ENGELSK AV PARAMAHANSA YOGANANDA

Autobiography of a Yogi

God Talks With Arjuna:
The Bhagavad Gita
A New Translation and Commentary

The Second Coming of Christ:
The Resurrection of the Christ Within You
A Revelatory Commentary on the Original Teachings of Jesus

The Yoga of the Bhagavad Gita

The Yoga of Jesus

The Collected Talks and Essays:
Volume I: **Man's Eternal Quest**
Volume II: **The Divine Romance**
Volume III: **Journey to Self-realization**

Wine of the Mystic:
The Rubaiyat of Omar Khayyam —
A Spiritual Interpretation

Songs of the Soul

Whispers from Eternity

Scientific Healing Affirmations

In the Sanctuary of the Soul:
A Guide to Effective Prayer

The Science of Religion

Metaphysical Meditations

Where There Is Light
Insight and Inspiration for Meeting Life's Challenges

Sayings of Paramahansa Yogananda

Inner Peace:
How to Be Calmly Active and Actively Calm

Living Fearlessly
Bringing Out Your Inner Soul Strength

The Law of Success

How You Can Talk With God

Why God Permits Evil and How to Rise Above It

To Be Victorious in Life

Cosmic Chants

LYDOPPTAK AV PARAMAHANSA YOGANANDA

Beholding the One in All

The Great Light of God

Songs of My Heart

To Make Heaven on Earth

Removing All Sorrow and Suffering

Follow the Path of Christ, Krishna, and the Masters

Awake in the Cosmic Dream

Be a Smile Millionaire

One Life Versus Reincarnation

In the Glory of the Spirit

Self-Realization: The Inner and the Outer Path

ANDRE UTGIVELSER FRA SELF-REALIZATION FELLOWSHIP

The Holy Science
Swami Sri Yukteswar

Only Love:
Living the Spiritual Life in a Changing World
Sri Daya Mata

Finding the Joy Within You:
Personal Counsel for God-Centered Living
Sri Daya Mata

Intuition:
Soul Guidance for Life's Decisions
Sri Daya Mata

God Alone:
The Life and Letters of a Saint
Sri Gyanamata

"Mejda":
The Family and the Early Life of Paramahansa Yogananda
Sananda Lal Ghosh

Self-Realization
(et tidsskrift grunnlagt av
Paramahansa Yogananda i 1925)

DVD VIDEO
―――――――――――

AWAKE:
The Life of Yogananda.

En film av CounterPoint Films

En fullstendig katalog av bøker og audio/video-
opptak – inkludert sjeldne arkivopptak av
Paramahansa Yogananda – er tilgjengelig på
www.srfbooks.org.

SELF-REALIZATION FELLOWSHIP
LESSONS

Personlig veiledning og instruksjon fra Paramahansa Yogananda rundt teknikkene innen yogameditasjon og prinsippene for åndelig levesett.

Hvis du føler deg tiltrukket av de åndelige sannheter skildret i *Hvorfor Gud tillater ondskap og hvordan heve seg over den,* inviterer vi deg til å motta *Self-Realization Fellowship Lessons.*

Paramahansa Yogananda utformet denne hjemmestudieserien for å gi oppriktige søkere muligheten til å lære og praktisere de urgamle teknikker innen yogameditasjon som er nevnt i denne boken – inkludert vitenskapen om *Kriya-yoga. Lessons* byr også på hans praktiske veiledning for å oppnå balansert fysisk, mentalt og åndelig velvære.

Self-Realization Fellowship Lessons er tilgjengelig for et nominelt beløp (for å dekke trykk- og fraktkostnader). Gjennom det frivillige arbeidet til Self-Realization Fellowships munker og nonner, tilbys alle studenter personlig veiledning i deres praktisering.

For mer informasjon...

Vennligst oppsøk www.srflessons.org for å be om å få tilsendt en omfattende, gratis informasjonspakke omkring *Lessons*.

Self-Realization Fellowship
3880 San Rafael Avenue • Los Angeles, CA
90065-3219

Tel +1 (323) 225-2471 + Fax +1 (323) 225-5088

www.yogananda.org

www.ingramcontent.com/pod-product-compliance
Lightning Source LLC
Chambersburg PA
CBHW031419040426
42444CB00005B/643

9781685681555